SAINT ANTOINE DE PADOUE

A L'ÉCOLE DES FRÈRES
de la rue d'Hozier (Joliette-Marseille.)

PAR

LE R. P. MARIE-ANTOINE

Missionnaire Capucin

Avec l'approbation des Supérieurs de l'Ordre

Prix : 15 centimes

DÉPÔT : Ecole des Frères, rue d'Hozier, Marseille

MARSEILLE
IMPRIMERIE MARSEILLAISE
Rue Sainte, 59
—
1895

SAINT ANTOINE DE PADOUE

SAINT ANTOINE DE PADOUE

A L'ÉCOLE DES FRÈRES

de la rue d'Hozier (Joliette-Marseille)

PAR

LE R. P. MARIE-ANTOINE

Missionnaire Capucin

Avec l'approbation des Supérieurs de l'Ordre

Prix : 15 centimes

DÉPOT : Ecole des Frères, rue d'Hozier, Marseille

MARSEILLE
IMPRIMERIE MARSEILLAISE
Rue Sainte, 39

1895

IMPRIMATUR :

Die 5ª Aprilis 1895

✝ LUDOVICUS, *Ep. Mass.*

Un prêtre de Padoue, éminent en piété et en science, Dom Locatelli, professeur et docteur en théologie, était venu à Rome visiter Léon XIII. Pendant qu'il était à genoux, à ses pieds : « D'où êtes-vous mon fils ? lui dit Léon XIII. — De Padoue, Saint-Père. — De Padoue ! de Padoue, s'écrie Léon XIII : quel bonheur ! mon fils ! quel bonheur ! Aimez-vous beaucoup votre Saint, votre grand saint Antoine ? — Ah ! Saint-Père, si je l'aime ! Je suis né, j'ai grandi près de son tombeau, et j'ai le bonheur de porter son nom. Oui ! oui, je l'aime ! — Ah ! mon fils ! vous ne l'aimez pas encore assez ! Oui, il faut l'aimer ! il faut le faire aimer ! Je vous bénis et tous les membres de son Association universelle : ce n'est pas assez en effet qu'on l'aime à Padoue, il faut qu'on l'aime dans tout l'univers... Et il ajouta ces grandes paroles : « San Antonio non è solo il Santo di Padova, ma è il Santo di tutto il mondo : Saint Antoine, sachez-le bien, N'EST PAS SEULEMENT LE SAINT DE PADOUE, IL EST LE SAINT DE TOUT L'UNIVERS. »

*Ces paroles ont été une révélation : de là sont sorties l'*Association universelle *et la* Croisade de saint Antoine de Padoue. *Entendez Dom Locatelli :*

Nous avons alors compris que la ville de Padoue ne devait pas seule garder le trésor qu'elle possède, qu'il fallait y faire participer tout l'univers, qu'il fallait que tout l'univers, au moins par un Pèlerinage spirituel, visitât son tombeau, et que tout l'univers entendît sa voix. Dieu, en conservant miraculeusement sa langue, n'a-t-il pas prouvé qu'il voulait que sa voix fût entendue partout et toujours ; et son nom d'Antoine (alte tonans) ne dit-il pas qu'elle doit retentir comme un tonnerre, pour réveiller le monde endormi et lui rendre la foi qui seule peut le sauver ? Il fait retrouver les choses perdues : qu'il fasse retrouver la foi ! Il ressuscite les morts : il ressuscitera les âmes ! Il calme la tempête : il fera finir la nôtre et ramènera la paix ! C'est donc l'heure opportune ! il faut que l'univers entier se tourne vers saint Antoine de Padoue et il sera sauvé ! »

Faisons donc de plus en plus connaître cet admirable Saint : il est impossible de le connaître sans l'aimer et sans publier ses gloires.

SAINT ANTOINE DE PADOUE
à la rue d'Hozier
MARSEILLE

« Mes délices, a dit Jésus, sont d'être avec les enfants des hommes. » Mes délices, dit à son tour saint Antoine de Padoue, l'ami et le parfait imitateur de Jésus, sont d'être avec les enfants de Marseille.

Pauvres enfants ! Ah ! qu'ils ont besoin d'un puissant protecteur ! Tout l'enfer conspire contre leur salut, et avec quelle astuce et quelle rage !

A mort ! à mort l'âme du petit enfant ! Voilà le cri de guerre de Satan et des fils de Satan. Il retentit des Alpes aux Pyrénées, de la Méditerranée à l'Océan !

Qui sauvera ces petits agneaux ? Qui les caressera, quand les fils de Satan les immolent ? Qui les nourrira du lait divin de la céleste doctrine, quand l'enfer leur inocule le poison meurtrier ?

Ah ! ne craignez pas. Jésus a pensé aux bien-aimés de son cœur. Il a envoyé de nouveau dans sa chère France l'apôtre séraphique qui l'avait une première fois sauvée, le grand thaumaturge, saint Antoine de Padoue, le saint ravissant entre tous les saints. Lisbonne a eu son berceau ; l'Italie, à Padoue, garde ses reliques ; mais on peut dire que la France, patrie de ses aïeux, a eu et aura toujours son cœur.

Double mission

En l'envoyant de nouveau dans sa France chérie, Jésus lui donne deux grandes missions à remplir : nourrir les pauvres, sauver les enfants qu'on immole.

Voulez-vous savoir comment il remplit sa première mission ? Allez à la petite boutique de Toulon, allez à l'Alhambra de Bordeaux, allez à Saint-Bonaventure de Lyon, allez à Saint-Etienne de Toulouse, allez bientôt dans toutes les villes et tous les villages de France, et vous y verrez le miracle de la multiplication des pains.

C'est vraiment le pain du miracle, c'est bien saint Antoine de Padoue, lui-même qui le fabrique, tant il est blanc, tant il est délicieux!

Mais il est écrit que l'homme ne vit pas seulement du pain qui nourrit le corps : il lui faut surtout la céleste doctrine, la divine vérité pour nourrir son âme.

Et c'est ici que commence la seconde mission de notre bien-aimé saint, mission bien autrement grande que la première.

Si vous voulez savoir comment la comprend saint Antoine de Padoue et comment il se plait à la remplir, venez à la rue d'Hozier de Marseille. Là, près du grand port de la Joliette, où tout l'univers abrite ses vaisseaux, se trouve une grande école d'enfants confiés par le Seigneur à la paternelle conduite des fils du bienheureux de la Salle. Mais il faut payer chaque année six mille francs de local, et il faut que les bons Frères pourvoient à leur subsistance ; il faut donc que les enfants donnent une petite rétribution ; si minime qu'elle soit, il en faut une.

Voilà donc tous les enfants les plus pauvres, c'est-à-dire les plus chers à Jésus, forcément privés de la céleste nourriture ! Local trop restreint, nombre d'enfants trop limité : voilà la double désolation qui depuis longtemps assiégeait le cœur des bons Frères.

Leur vénérable Directeur a crié vers le Seigneur : sa prière a été entendue.

« Adresse-toi, lui a dit le Seigneur, adresse-toi à mon grand thaumaturge, à saint Antoine de Padoue, le grand ami de ma sainte enfance et le grand protecteur de tous mes chers petits, le bien-aimé de mon cœur ; adresse-toi à lui avec pleine confiance, il viendra à ton secours. »

Le bon Frère invoque donc le grand saint et le fait invoquer par tous ses Frères et tous ses élèves ; mais, comme il fallait nécessairement que les secours vinssent de dehors, cette prière, faite seulement en communauté et en famille, ne pouvait efficacement atteindre le but désiré : il fallait, dans la chapelle de l'Ecole, établir un culte public à saint Antoine de Padoue ; il fallait y faire venir les foules et intéresser tous les pieux fidèles à cette grande et cette sainte œuvre de l'apostolat de l'enfance chrétienne.

Le Ciel y a pourvu miraculeusement, saint Antoine de Padoue a manifesté visiblement sa puissance et son amour.

Une modeste statuette du saint est donc placée dans la chapelle, et déjà la reconnaissance des fidèles dépose des fleurs, fait brûler des cierges à ses pieds.

Sur ces entrefaites, un homme de bien, un chrétien dans toute la force du terme, retiré comme pensionnaire à la maison des Frères de

Saint-Jean de Dieu, M. Jean-Baptiste Imbert, vient visiter la chapelle de la rue d'Hozier. Il trouve trop modeste l'oratoire de saint Antoine et trop petite sa statue. Si le cher Frère Directeur le veut, il offre de faire construire un autel plus riche et de donner une grande et belle statue. Inutile de dire si l'on accepta la proposition ; et, en moins d'un mois, saint Antoine de Padoue eut un magnifique autel et une admirable statue à la rue d'Hozier.

Une bénédiction

Le péché originel ayant tout vicié, et le démon cherchant à mettre son empreinte sacrilège sur toutes les œuvres de Dieu, l'Eglise a composé des bénédictions particulières pour tous les objets, et surtout pour toutes les choses destinées à exciter la ferveur de ses enfants. Il fallait donc faire bénir la statue du saint. M. le Curé de la paroisse Saint-Lazare, fut invité pour cela ; et, muni de tous les pouvoirs de l'Ordinaire, le 19 avril 1894. il procéda à la bénédiction solennelle de l'autel et de la statue du bienheureux patriarche. Ce fut un fils de saint François, le R. Père Firmin, gardien du couvent de Marseille, qui vint le soir prononcer un discours en l'honneur de celui que l'on appelait seulement, jusqu'à ce jour, l'intendant des pauvres et qui allait devenir la providence des enfants.

Les fidèles étaient accourus de tous les points de la ville, et la noble dame des riches quartiers coudoyait l'artisane des faubourgs ; le puissant armateur s'agenouillait à côté du dernier de ses matelots ; tous venaient demander des grâces, et déjà l'on sentait que saint Antoine s'était choisi cette chapelle pour en faire le témoin des merveilles opérées par son intercession.

Une affluence extraordinaire

Le Père Marie-Antoine se fait vieux, il a prêché dans beaucoup de centres catholiques et de lieux de pèlerinages : rarement il a vu une affluence de fidèles comme celle des Marseillais accourus à la rue d'Hozier, pendant le *triduum* qu'il y prêcha peu de jours après la bénédiction de la statue.

Une heure avant le commencement des offices, la chapelle de l'école, bien grande cependant, était comble ; il y avait du monde jusque sur les marchepieds de l'autel ; la foule regorgeait dans les vestibules et c'est par centaines que l'on comptait les personnes obligées de s'en retourner faute de place.

On voulait entendre parler du bienheureux ami de Jésus-Enfant ; on venait recommander une affaire importante à l'avocat des malheureux, solliciter une grâce par l'intercession de celui que l'on appelle à juste titre l'intendant du Bon Dieu. Les faveurs obtenues furent nombreuses ; car nombreux furent les ex-voto offerts par la piété des fidèles reconnaissants. Depuis, le nombre de ces témoignages n'a fait qu'augmenter et, si la progression continue dans la même proportion, avant un an les murs de la chapelle de saint Antoine seront entièrement couverts par les ex-voto encadrés, en marbre ou en porcelaine artistement décorée.

Le 13 Juin

Le 13 juin, M. le Vicaire général Olivier vint lui-même célébrer la sainte messe à l'autel du bienheureux. Ardente et persuasive fut son allocution, lorsqu'il montra aux élèves de l'école comment, par son travail chrétiennement dirigé, saint Antoine avait trouvé Jésus, ainsi qu'en font foi les statues du saint.

On le représente, en effet, tenant entre les mains un livre de ses sermons, sur lequel repose l'Enfant Jésus.

Les fidèles remplissaient la chapelle et les plus jeunes élèves avaient dû céder leur place aux étrangers : seuls étaient présents ceux qui devaient faire la sainte communion. Il fallut près d'une demi-heure pour distribuer le pain des anges aux élèves et aux pèlerins. Le culte de saint Antoine de Padoue était définitivement établi, et la présence de M. le Vicaire général, archidiacre de l'école, lui donnait la sanction de l'Ordinaire.

Boîte aux lettres

Mais comment faire pour s'adresser à saint Antoine ?

On dit qu'il faut le prier et lui promettre une offrande pour les pauvres ou pour les écoles; or, cette promesse, afin d'être plus précise et plus solennelle, doit être écrite et envoyée à saint Antoine de Padoue ! Ne criez pas à l'impossible : le bon saint Antoine a une boîte aux lettres à la rue d'Hozier, et c'est par dizaines que tous les jours ces lettres arrivent. En allant faire votre visite dans cette chapelle, regardez à gauche de l'autel ; vous verrez une jolie colonnette au sommet de laquelle se trouve une ouverture surmontée de cette inscription : « *Boîte aux lettres.* » C'est là ; vous avez une demande à faire, une faveur à implorer : écrivez-la et mettez votre supplique dans la boite. Si vous ne pouvez venir vous-même, envoyez-la par la poste. Le mardi suivant, on la lira après la messe, et tous les assistants, fidèles, élèves et Frères, prieront à votre intention, les bras en croix.

Actions de grâces

Il est impossible qu'après tant de prières Dieu ne vous exauce pas, d'une manière ou de l'autre, mais toujours la plus utile à votre salut. A vous, maintenant, de tenir votre promesse : et le plus tôt possible, car saint Antoine pourrait vous retirer la faveur obtenue, si vous tardiez trop.

Il faut déposer votre offrande dans la colonnette de droite, sur laquelle vous lisez : « *Actions de grâces.* »

Heureuse transformation

Que va devenir votre offrande ? Ah ! c'est ici qu'il faut admirer l'heureuse intervention de saint Antoine. Votre pièce de monnaie va devenir une bonne semence infiniment plus précieuse que l'or et l'argent. Grâce à votre aumône, les bons Frères pourront payer l'énorme loyer de l'école de la rue d'Hozier, et continuer ainsi à donner une éducation chrétienne à leurs élèves ; ils pourront même, si les offrandes se multiplient, avoir un ou deux religieux de plus pour faire la classe et recevoir ainsi 50 ou 100 enfants dont les parents ne pourraient pas payer la modeste rétribution scolaire.

Assurément, il n'échappe à l'attention de personne que cette aumône spirituelle, faite aux petits enfants qui ne connaissent pas Dieu, est autant supérieure à l'aumône du beau pain blanc que les âmes sont supérieures aux corps.

Association de Saint-Antoine

Disons, à ce sujet, ce qui a été déjà fait.
Une association a été fondée, dont le centre

est à Padoue : « *L'Association de Saint-Antoine de Padoue.* »

Elle comprend trois degrés d'associés : 1° les *fondateurs*, ou fondatrices, qui donnent une bourse complète, soit 50 francs, pour la rétribution annuelle d'un enfant pauvre ; 2° les *agrégés* qui versent un franc par an seulement, entre les mains d'une zélatrice ; et 3° les simples *associés* qui donnent dix centimes par an.

Tous s'engagent à prier et à faire prier saint Antoine de Padoue, à le faire connaître et à répandre son culte.

Des zélatrices sont chargées d'inscrire sur une liste les noms des différents membres de l'Association et de recueillir leurs souscriptions qu'elles versent, chaque trimestre, entre les mains du Directeur.

Une présidente et quatre vice-présidentes, choisies parmi de ferventes chrétiennes, très actives et très dévouées à la cause des écoles catholiques, sont chargées d'encourager les zélatrices et de leur inspirer leur ardeur.

Il suffit, pour se faire inscrire comme membre de cette Association, d'envoyer son nom et son adresse au Directeur de l'école des Frères, de la rue d'Hozier. Le nom est envoyé à Padoue et tous les jours à perpétuité, à 10 heures, une messe est célébrée sur le tombeau de saint Antoine, à l'intention des associés.

Notre Saint-Père le Pape a bien voulu enrichir l'Œuvre de nombreuses indulgences, savoir : Indulgence plénière les 16 janvier, 15 février, 13 juin et 15 août, et un jour de la treizaine qui précède ces fêtes; Indulgence de 300 jours chaque jour de la treizaine dans tout le cours de l'année.

Recommandations

Il est vraiment intéressant de parcourir les lettres adressées à saint Antoine de Padoue et déposées dans sa boîte aux lettres de la chapelle. Toutes les douleurs s'y trouvent décrites, toutes les espérances formulées. A travers les lignes, on reconnait l'angoisse d'une mère qui demande la guérison d'un fils, les tortures d'une épouse qui demande le retour d'un mari, les tristesses d'une jeune famille demandant la conservation de son chef gravement malade, l'anxiété d'un jeune homme à la veille de subir un examen, le désir de retrouver une somme d'argent ou un objet perdu, les craintes d'un cœur aimant pour le salut d'une chère âme, et mille autre peines encore, pour lesquelles on demande un soulagement au grand thaumaturge.

Chaque mardi, M. l'aumônier fait la lecture de ces suppliques : après quoi on récite les litanies du saint, puis un *Pater* et un *Ave*, les bras en croix. Rien de plus édifiant que de voir toute l'assistance, élèves et fidèles, faire ainsi violence au paradis. Aussi, que d'actions de grâces à enregistrer le mardi suivant. Les ex-voto n'indiquent pas la millième partie des faveurs obtenues et, cependant, ils sont déjà si nombreux !

Les quatre sous du petit Joseph

Un petit enfant s'avançait doucement et faisait tomber, dans le tronc des actions de grâces, quatre petits sous qu'il avait depuis longtemps préparés pour le bon saint Antoine. Sa pieuse mère les lui avait donnés en récompense de sa sagesse ; trop pauvre pour envoyer son enfant à l'école, elle y était venue souvent prier le bien-aimé saint, conduisant son enfant par la main et lui faisant regarder et aimer le saint et le divin Enfant qu'il caresse. L'enfant avait vu les pieux fidèles placer leurs aumônes dans le tronc. « Je serai bien sage, dit-il un jour à sa mère, en sortant de la chapelle, je serai bien sage ; je gagnerai un petit sou pour le donner au saint ; vous le demanderez à mon papa pour moi, mon papa me le donnera et je le lui porterai. » — « Oui, oui, mon enfant, dit la pieuse mère, sois bien sage et papa te le donnera. »

A partir de ce jour, l'enfant devint sage comme un ange ; la mère demande le sou et le père le donne en couvrant son enfant de baisers. Encouragé par ces doux baisers, il en gagne trois de plus. Maintenant que son offrande est plus belle et plus digne du saint, quelle n'est pas sa joie de porter au tronc ses quatre petits sous ! Avant de les y mettre, il se prosterne devant le saint et le prie de tout son cœur. Le bon Frère Directeur, en le voyant prier avec cette ferveur ravissante et en le voyant mettre, avec un bonheur si rayonnant, son offrande dans le tronc, en est ému jusqu'au fond de l'âme ; il appelle l'enfant, il l'embrasse et lui dit : « Mon enfant, va chercher ta mère. » L'enfant vole et la mère accourt.

« Pourquoi, Madame, lui dit le bon Frère, n'avez-vous pas encore mis dans notre école votre enfant, qui me paraît si sage et si intelligent? — Ah! mon bon Frère, répond la pauvre mère, tremblante d'émotion, ce n'est pas faute de le désirer, et son bon père comme moi ; mais, ne vivant que de notre travail et ayant une nombreuse famille, nous gagnons à peine le nécessaire pour nourrir nos enfants; impossible donc de payer les cinq francs par mois qu'il faut donner pour votre école ; impossible d'acheter les livres, les cahiers et les plumes à notre enfant. Ah! si nous étions plus riches, depuis longtemps déjà vous auriez notre enfant! — Nous l'aurons, Madame, dit le bon Frère Directeur, ou plutôt nous l'avons : je le garde, il est nôtre et il ne vous en coûtera rien, ni pour les frais de la pension, ni pour les frais de fournitures. Ce sera notre enfant bien-aimé, et nous l'appellerons notre petit de saint Antoine : Allez l'annoncer à votre bon époux. »

La pieuse mère se fond en actions de grâces et court porter à son mari cette bonne nouvelle. Celui-ci, de son côté, n'a rien de plus pressé que de venir, à son tour, remercier le bon Frère Directeur. « Mon bon Frère, lui dit-il, le service que vous rendez à mon enfant, en lui donnant une éducation chrétienne, et celui que vous rendez à sa mère et à moi, sont si grands, que je ne puis vous remercier qu'avec des larmes. » Et de grosses larmes coulaient de ses yeux.

Le bon Frère Directeur l'avait déjà pris dans ses bras et pleurait avec lui ; après avoir mêlé leurs larmes, ils ont ensemble remercié le bon saint.

Un cas difficile

Le jeune Henri A., un des meilleurs élèves de sa classe, devait passer un examen. Il promet à saint Antoine une communion s'il est premier, 2 sous s'il est second et 1 sou s'il est troisième (1).

Or, le voilà bien embarrassé : il est *premier*, mais *ex-æquo* avec un camarade et, à cause de ses notes en certaines compositions, il n'occupera en classe que la *deuxième* place. Que faire ? Il va consulter son directeur. Le cas était difficile : mais Henri ne voulut pas marchander, il fit la sainte communion et donna les 10 centimes; le mois suivant, il fut seul premier et reprit la première place au bureau du moniteur.

(1) Nous déclarons ne vouloir préjuger en rien sur le caractère surnaturel de ces faits, et soumettre humblement notre jugement, en cela comme pour tout le reste, aux décisions de Notre Sainte Mère l'Eglise.

Un jeune enfant perdu

Mme Clérin, demeurant à Marseille, traverse Sainte-Marie, 6, était allée, avec son fils Louis, passer les vacances du 14 juillet chez des parents à Port-de-Bouc. Le petit Louis, à peine âgé de 8 ans, passa la soirée à jouer et à courir sur les bords de mer. Le soir venu, il n'était pas encore rentré à la maison. Sa mère inquiète l'appelle; puis, ne l'entendant pas répondre, interroge les voisins. Personne n'a vu Louis depuis plus de deux heures! Un frisson d'épouvante parcourt le corps de la malheureuse mère : son fils serait-il tombé dans le canal de Port-de-Bouc!

A demi affolée, elle parcourt les rues du village, scrute du regard les buissons de la grève, les bords du canal et de la mer. Rien! Au bout d'une heure de recherches, elle revient épuisée à la maison. On n'ose répondre à ses questions, mais elle comprend bien qu'on n'a pas retrouvé son petit Louis. Une personne propose de faire une prière à saint Antoine de Padoue qui fait retrouver les choses perdues et qui peut bien faire retrouver son fils à une mère. Mme Clérin était déjà à genoux; et elle nous a dit elle-même qu'elle ne se rappelait pas avoir jamais prié avec autant de ferveur. Sa prière n'était pas terminée, qu'elle se sentit saisir par le bras, conduire auprès d'un mur, à côté duquel elle avait déjà passé sans rien apercevoir. Cette main mystérieuse la força à se baisser, et quelle ne fut pas sa joie, lorsqu'elle vit son fils couché au milieu d'un buisson et dormant du sommeil de l'innocence ! L'heureuse mère prit son trésor entre ses bras et le rapporta triomphante chez ses parents, en le couvrant de caresses. Quelques jours après, elle conduisait Louis à la chapelle de la rue d'Hozier et s'acquittait de sa promesse envers le plus aimable des saints, qui avait changé son désespoir en allégresse.

Secourable à tous

Il faudrait un gros volume pour raconter tous les bienfaits dus à l'intercession de saint Antoine de Padoue. Une famille du quartier de la Joliette, après des revers de fortune, demande à saint Antoine de lui trouver au moins un locataire pour un vaste immeuble qui lui reste à charge. Le saint ne fait pas les choses à demi : un locataire arrive, qui se charge, chose bien rare, de toutes les réparations à faire.

Une autre famille, privée de son chef, plaide un procès d'héritage d'où dépend sa ruine ou une modeste aisance. Le procès traine en longueur depuis trois ans : les ressources diminuent ; que faire ? Une zélatrice indique la rue d'Hozier, la veuve et les orphelins viennent y prier, et, douze jours après, le procès était jugé, et, est-il besoin de le dire, gagné par les ayants droit.

Une mère fait prier pour la guérison de son fils malade de corps, mais aussi de l'âme : il ne pratiquait plus depuis quatre ans. Toute heureuse, elle revient au bout d'un mois ; son fils est guéri et sa première visite a été à l'autel de saint Antoine ; le dimanche suivant, il faisait la sainte communion en actions de grâces.

Nous ne voulons cependant pas terminer sans insérer la guérison vraiment merveilleuse d'un jeune et aimable mousse, élève de l'école des mousses et novices à Marseille.

Le petit mousse

Pour laisser toute sa saveur à ce touchant récit, nous avons prié le jeune Francisque Mulsant, l'heureux mousse guéri, de raconter lui-même sa guérison ; voici ses propres paroles :

« Depuis le 24 janvier 1895, je fus obligé de cesser tout service, car je pouvais à peine me traîner. Le 31, force fut pour moi de me coucher, je ne pouvais remuer les pieds, ni même supporter le poids de ma couverture. Le médecin, après m'avoir examiné, déclara que j'avais des douleurs rhumatismales, que ce serait long et qu'il me faudrait du repos dans ma famille. Et moi, qui voulais absolument être marin ! Mes souffrances augmentaient et devenaient insupportables. On aurait dit que mille aiguilles me piquaient à la fois et mes pauvres pieds étaient ronds comme une boule. Le jour, encore, le va-et-vient des élèves dans la batterie me distrayait un peu ; mais, la nuit, c'était un véritable tourment, et, le matin, j'avais mal au cœur, je tombais même dans le délire. Les souffrances étaient si fortes, que plusieurs fois elles m'empêchèrent de dire ma prière, car j'aimais à prier, soit pour l'expiation de mes péchés, soit pour les âmes du purgatoire. »

Bon petit cœur ! n'est-ce pas, lecteurs pieux ?

« Je restai dans cet état, jusqu'au jeudi 7 février. Ce jour-là, dans l'après-midi, je me sentais plus calme, quoique mes souffrances n'eussent pas diminué. Je pensais à saint Antoine de Padoue dont j'avais lu les merveilles dans une petite brochure du R. Père Marie-Antoine. Et s'il voulait me guérir, moi aussi? Je lui promis, devant Dieu, 5 francs, si j'étais guéri le dimanche suivant, 10 février; 3 francs si j'étais exaucé le jeudi 14, et 1 franc, si c'était le dimanche 17. La nuit du vendredi fut assez douce, je ne pus cependant pas me lever le matin : je souffrais moins et j'éprouvais je ne sais quel contentement. Dans la journée je pus dormir deux ou trois heures. Le samedi, je me sentais bien mieux et je pus manger. J'aurais bien voulu me lever, mais le docteur l'avait défendu. Après dîner, cependant, j'essayai de descendre de mon hamac et, chose incroyable, je pus marcher. Je ne me recouchai que le soir à 6 heures, tant j'étais heureux, et je pensais : Saint Antoine veut gagner les 5 francs, car c'est demain dimanche, et je me sens réellement mieux.

« En effet, le dimanche je fus sur pied dès 8 heures du matin, et je restais sans fatigue sur le pont jusqu'au soir 7 heures. Saint Antoine m'avait pleinement exaucé, j'étais guéri. Je le remerciai de tout mon cœur le soir et je m'endormis. Le lendemain lundi, j'écrivis à mes parents de m'envoyer 5 francs, mais sur mes économies à moi, car c'est moi que le saint avait guéri et c'est moi qui devais le payer. Le jeudi 14, je repris complètement mon service, et le dimanche, je pus aller à la messe et me promener toute la journée, sans éprouver aucune fatigue.

« Ah! merci, mon Dieu, que votre nom soit béni! »

C'est notre désir, à nous aussi, chers lecteurs, que Dieu soit aimé et glorifié et que saint Antoine vous vienne en aide dans toutes vos peines et dans toutes vos supplications!

**

Saint Antoine de Padoue, ce glorieux thaumaturge, est né à Lisbonne en Portugal, le 15 août 1195. Issu, par son père, de l'illustre famille de Bouillon, venue de France en Espagne pour y combattre les Sarrasins, et, par sa mère, de la royale famille de Tavera qui régnait autrefois sur les Asturies, il avait reçu du ciel une âme pétrie de courage chevaleresque, de grandeur royale, de sublime génie et d'angélique piété : si son oncle Godefroy de Bouillon a été la fleur de la chevalerie, lui, est la fleur de l'Ordre séraphique et une des plus belles perles de la Jérusalem céleste.

Sa mère portait le beau nom que devait

illustrer la Vierge du Carmel, et les mêmes vertus ont orné ces deux grandes âmes (1). Ayant obtenu par Marie cet enfant de bénédiction, l'ayant mis au monde le jour de son Assomption glorieuse, elle mit sur ses lèvres, dès le berceau, son doux nom et celui de Jésus, et elle grava ces deux amours dans son cœur ; aussi suffisait-il à l'angélique enfant d'entendre ces deux noms, pour que son cœur tressaillît et que ses deux petites mains s'élevassent à la fois vers le ciel. On aurait dit que Marie lui portait déjà son divin Enfant et que Jésus venait le caresser et lui sourire.

A peine sorti du berceau, ses délices étaient de courir aux autels de Jésus et de Marie dans l'église cathédrale de Lisbonne qui se trouvait en face de son palais ; elle était consacrée à la Reine du ciel : c'est là qu'on le trouvait toujours en adoration devant le tabernacle, ou à genoux aux pieds de Marie, chantant une

(1) Son corps repose dans la chapelle dédiée à son fils dans l'église de Saint-Vincent près de Lisbonne. Sur la tombe de cette glorieuse et heureuse mère sont gravées ces simples paroles : *Ici repose la mère de saint Antoine :* « *Hic jacet mater sancti Antonii.* » Nous souhaitons à toutes les mères chrétiennes qu'on puisse graver la même louange sur leur tombeau.

hymne d'amour à la Vierge immaculée ; c'était l'hymne que chantait avec lui sa pieuse mère : « *O gloriosa Domina ! O glorieuse Reine!* » L'ayant eue sur ses lèvres dès le berceau, elle fit toujours ses délices : il la chantait le jour, il la chantait la nuit ; elle le consolait dans ses tristesses et le fortifiait dans ses combats ; elle faisait le charme de sa solitude, et, dans les grands travaux et les grandes luttes de l'apostolat, elle faisait son triomphe.

Sous les caresses de Jésus et la bénédiction de Marie, sa vie s'écoula rapide ; elle fut à peine de trente-six ans. Ce fut une vie de prodiges : extases, ravissements, apostolat, miracles, sacrifices, voilà les fils d'or qui en composent la trame.

La pauvreté, l'humilité, les immolations de l'Ordre séraphique et la vue des martyrs qui venaient de l'illustrer ravirent son grand cœur. Du reste, d'après plusieurs historiens, il aurait, dans une de ses extases, vu saint François venant lui annoncer, de la part de Dieu, qu'il l'avait choisi pour devenir son fils, et ainsi, de même que dans la glorieuse Trinité le Fils est la splendeur du Père, Antoine de Padoue devint, dans l'ordre séraphique, la splendeur de saint François.

Plus il voulait se cacher, plus Dieu se plaisait à le faire paraître; il eut beau se vêtir de bure, marcher pieds nus et ceindre ses reins d'une corde, sa beauté angélique, la distinction de ses manières, la flamme du génie qui jaillissait de son regard inspiré trahissaient sa chevaleresque et royale origine : son éloquence sublime ravissait les cœurs et sa foudroyante logique écrasait l'hérésie.

Comme François, il aurait voulu verser son sang pour le Christ et les âmes ; conquérant intrépide, il s'envola comme François vers les terres infidèles, et, comme François, il fut ramené en Europe pour y endurer le martyre, bien plus long et bien plus sublime, de l'immolation, de l'obéissance, de la pénitence et de l'amour.

Comme François il aurait voulu se taire, se cacher et s'immoler sous le seul regard de Jésus, et comme François Dieu le fit sortir de sa solitude et de son silence pour soulever le monde.

Oh ! les deux grands et admirables saints ! Ne les séparons jamais dans nos louanges, comme nous ne les séparons jamais dans notre amour.

DÉVOTIONS ET PRIÈRES

Premier Avis. — Pour obtenir une grande grâce, une petite prière rarement suffit ; il est bon de faire une neuvaine avec bonne confession et fervente communion. Un Monsieur vint dernièrement au couvent demander une messe d'action de grâces. « Saint Antoine de Padoue, nous dit-il, a fait pour moi un grand miracle ; mais il n'a voulu le faire qu'après une bonne neuvaine, une bonne confession et une bonne communion. »

Deuxième Avis. — Etre certain qu'on ne le prie jamais en vain. S'il n'obtient pas la grâce temporelle demandée, il nous obtient une grâce spirituelle mille fois plus précieuse. Un Monsieur nous écrivait dernièrement : « Aidez-moi à remercier saint Antoine de Padoue : il ne m'a pas obtenu la grâce temporelle demandée ; mais il m'a obtenu une joie de cœur, une paix d'âme et un bonheur intérieur comme jamais je n'en avais goûté : aussi j'envoie mon offrande pour le pain des pauvres. »

Troisième Avis. — Il est très bon d'ajouter aux prières la promesse d'une aumône pour le *pain des pauvres* ou pour *les écoles*. On écrit la demande et la promesse qu'on met dans le *tronc spécial*; et, dès que la grâce est obtenue, on porte l'aumône dans le *tronc des offrandes*.

PRIÈRE POUR DEMANDER LA SAINTE PURETÉ

Très chaste Saint Antoine, vous qui, par votre angélique pureté, avez mérité de converser intimement avec les anges, avec Marie, la Vierge des vierges, et avec Jésus, le lis des vallées, c'est-à-dire des âmes humbles et pures, ah! daignez abaisser sur moi votre regard bienveillant. O vous qui, par le seul contact de votre vêtement, avez pu communiquer à d'autres le don de pureté, sanctifiez mon âme et mon cœur; par votre puissante intercession purifiez mes sens, mon esprit et mon cœur; faites que, exempt de toute action et de toute pensée contraire à l'aimable vertu, je puisse imiter votre aimable pureté. Obtenez-moi de persévérer dans la pratique de cette belle vertu, afin que je puisse être agréable à la Mère du divin amour et à Jésus que vous avez tant aimé. Puissé-je, par votre intercession, entrer dans le saint Paradis, et, comme ceux-là seuls peuvent y entrer qui ont l'âme pure au moment de la mort, obtenez-moi la grâce d'une bonne et sainte mort. — Ainsi soit-il.

Prière pour demander une bonne et sainte mort

O grand Saint Antoine, vous qui avez obtenu à tant de pécheurs la grâce de mourir de la mort des justes, soyez, je vous en conjure, mon guide, mon défenseur et mon appui, lorsque devra sonner pour moi l'heure suprême, lorsque mon âme sera sur le point de paraître devant le souverain Juge. Obtenez-moi, en ce moment décisif, une grande confiance en la miséricorde divine, un abandon total à la volonté du Seigneur, une parfaite contrition de tous mes péchés, la grâce inappréciable de recevoir pieusement les sacrements de l'Eglise, et enfin le bonheur d'expirer entre les bras du Sauveur et de sa sainte Mère, en prononçant avec amour leurs noms si doux et à jamais bénis! — Ainsi soit-il.

PRIÈRE TRÈS EFFICACE

Grand Saint Antoine, souvenez-vous que la mort, l'erreur, les calamités, le démon, les maladies contagieuses, fuient par votre intercession. Par vous, les malades recouvrent la santé, la mer s'apaise, les chaines des captifs se brisent, les estropiés retrouvent leurs membres, les choses perdues reviennent à leurs légitimes possesseurs. Les enfants et les vieillards qui vous invoquent sont exaucés. Les dangers où ils se trouvent disparaissent, leur nécessité fuit. Plein de confiance, je m'adresse à vous. Montrez aujourd'hui votre puissance en m'obtenant la grâce que je désire. — Ainsi soit-il.

Prière pour obtenir de retrouver les choses perdues

Grand Saint Antoine de Padoue, apôtre plein de bonté, qui avez reçu de Dieu le pouvoir spécial de faire retrouver les choses perdues, secourez-moi en ce moment, afin que, par votre assistance, je retrouve l'objet que je cherche. Obtenez-moi aussi une foi agissante, une parfaite docilité aux inspirations de la grâce, le dégoût des vains plaisirs du monde et un désir ardent des joies ineffables de la bienheureuse éternité. — Ainsi soit-il.

PATER
AVE } Saint Antoine de Padoue,
GLORIA priez pour nous, exaucez-nous.
3 fois.

Modèle de demande à saint Antoine de Padoue

O si bon, si puissant saint Antoine de Padoue, je vous promets...... francs de pain pour vos pauvres (*ou pour vos écoles*), si vous m'obtenez (telle grâce...). Mais, comme vous savez mieux que moi ce qui peut m'être le plus utile, obtenez-moi ce qui contribuera le plus à la gloire de Dieu et au salut de mon âme.

Hymne favorite de saint Antoine de Padoue à la Très Sainte Vierge

O gloriosa Domina
Excelsa super sidera.
Qui te creavit parvulum
Lactente nutris ubere.

Quod Eva tristis abstulit,
Tu reddis almo germine;
Intrent ut astra flebiles
Cœli fenestra facta es.

Tu Regis alti janua
Et porta lucis fulgida :
Vitam datam per Virginem,
Gentes redemptæ, plaudite.

Jesu tibi sit gloria,
Qui natus es de Virgine,
Cum Patre et almo Spiritu,
In sempiterna sæcula.
Amen.

Répons miraculeux

Composé par saint Bonaventure en l'honneur de Saint Antoine de Padoue.

(100 jours d'indulgence chaque fois : plénière une fois le mois, pour la récitation quotidienne pendant un mois.)

Vous cherchez des miracles? La mort, l'erreur, les calamités, la lèpre, le démon prennent la fuite : les malades recouvrent la santé.

La mer obéit ; les chaînes se brisent ; la jeunesse ainsi que la vieillesse demande l'usage de ses membres et ses choses perdues, et elle les reçoit.

Les dangers disparaissent ; la nécessité n'existe plus. Racontez-les, vous qui l'avez éprouvé; parlez, habitants de Padoue.

La mer obéit, etc.

Gloire au Père, et au Fils, et au Saint-Esprit.

La mer obéit, etc.

℣. Priez pour nous, bienheureux Antoine ;

℟. Afin que nous devenions dignes des promesses de Jésus-Christ.

ORAISON

Que la pieuse commémoration du bienheureux Antoine, votre confesseur, ô mon Dieu, réjouisse votre Église, afin qu'elle soit constamment munie de secours spirituels, et qu'elle mérite de posséder un bonheur sans fin. Par Jésus-Christ Notre-Seigneur. Ainsi soit-il.

Si quæris miracula, Mors, error, calamitas, Dæmon, lepra fugiunt, Ægri surgunt sani.

Cedunt mare, vincula ; Membra, resque perditas Petunt et accipiunt Juvenes et cani.

Pereunt pericula ; Cessat et necessitas ; Narrent hi, qui sentiunt, Dicant Paduani.

Cedunt, etc.

Gloria Patri, et Filio, et Spiritui Sancto.

Cedunt, etc.

℣. Ora pro nobis, beate Antoni ;

℟. Ut digni efficiamur promissionibus Christi.

OREMUS

Ecclesiam tuam, Deus, beati Antonii confessoris tui commemoratio votiva lætificet ut spiritualibus semper muniatur auxiliis et gaudiis perfrui mereatur æternis. Per Christum Dominum nostrum. Amen.

LITANIES DU SAINT

Seigneur, ayez pitié de nous, etc.

Sainte Vierge Marie, patronne de l'Ordre Séraphique, priez pour nous.

S. Antoine de Padoue, fils privilégié de Marie, priez pour nous.

S. Antoine de Padoue, perle de l'Ordre Séraphique, priez pour nous.

S. Ant. de P., parfait imitateur du Séraphique François, p. p. n.

S. Ant. de P., enflammé du zèle des Apôtres, p.

S. Ant. de P., brûlant de la charité des martys, p.

S. Ant. de P., orné des vertus des confesseurs, p.

S. Ant. de P., resplendissant de la pureté des Vierges, p. p. n.

S. Ant. de P., portant dans vos bras l'Enfant Jésus, p. p. nous.

S. Ant. de P., marteau des hérétiques, p. p. n.

S. Ant. de P., lumière éclatante de l'Eglise, p.

S. Ant. de P., parfait modèle d'obéissance, p.

S. Ant. de P., amateur sublime de la pauvreté, p.

S. Ant. de P., lis de chasteté, p. p. n.

S. Ant. de P., violette d'humilité, p. p. n.

S. Ant. de P., rose de charité, p. p. n.

S. Ant. de P., terreur des démons, p. p. n.

S. Ant. de P., canal intarissable de grâces, p.

S. Ant. de P., consolateur des affligés, p. p. n.

S. Ant. de P., guide des voyageurs, p. p. n.

S. Ant. de P., guérisseur des malades, p.p.n.
S. Ant. de P., semeur de miracles, p. p. n.
S. Ant. de P., qui rendez la parole aux muets, p.
S. Ant. de P., qui donnez l'ouïe aux sourds, p.
S. Ant. de P., qui rendez la vue aux aveugles, p.
S. Ant. de P., qui redressez les boiteux, p. p. n.
S. Ant. de P., qui ressuscitez les morts, p. p. n.
S. Ant. de P., qui faites retrouver les choses perdues, p. p. n.
S. Ant. de P., protecteur fidèle de ceux qui vous invoquent, p. p. n.

Des embûches du démon, saint Antoine, délivrez-nous.

De la foudre, de l'orage, saint Antoine, délivrez-nous.

De la guerre, de la peste et de tous les ennemis, saint Antoine, délivrez-nous.

Par votre intercession, saint Antoine, protégez-nous.

Dans tout le cours de notre vie, saint Antoine, protégez-nous.

Agneau de Dieu, qui effacez les péchés du monde, etc.

ORAISON

Faites, mon Dieu, par l'intercession de saint Antoine de Padoue, que les enfants de votre Eglise se réjouissent en célébrant sa mémoire, qu'ils soient favorablement secourus dans tous leurs besoins et qu'ils méritent l'éternelle félicité. Par Notre Seigneur.

Cantiques à Saint Antoine de Padoue

Cantiques à Saint Antoine de Padoue

Oh! qu'elle est belle ton image
Reflétant tes douces vertus!
Qu'il est aimable ton visage
Caressé par l'Enfant Jésus!

    Nous te prions, à deux genoux:
    Bon saint Antoine, exauce-nous.

Grand saint, ton pouvoir est immense,
J'en vois la source entre tes bras;
Jésus te donne sa puissance
Pour nous secourir ici-bas.

Autrefois, on vit la nature
A ton gré suspendre ses lois.
Les poissons quittaient l'onde pure
Pour venir entendre ta voix.

Les miracles, aujourd'hui même,
De tes mains pour notre bonheur
Tombent comme le blé que sème
Dans ses sillons le laboureur.

Du pauvre ton cœur charitable
Aime à rassasier la faim;
Pour lui qu'on te prie, et sa table
Aussitôt se couvre de pain.

On dit que tu mets sur la trace
Des objets, des trésors perdus;
Aux pécheurs fais trouver la grâce
Et que ses biens lui soient rendus.

A tous ceux qu'égare le doute,
Par la foi, flambeau précieux,
Grand saint, fais retrouver la route
Qui mène de la terre aux cieux.

Pour le prochain, dans cette vie,
Mets en nos cœurs ta charité;
Et pour voir Dieu, dans la patrie,
Mets en nos cœurs ta pureté.

Sur l'air de l'Ave Maria de Lourdes

Sur l'air de l'*Ave Maria* de Lourdes

REFRAIN : Grand saint Antoine / A toi notre amour. } bis.

Aux concerts des anges
Unissons nos voix,
Chantons les louanges
Du fils de François.

Dès son plus jeune âge
Il brûle d'amour
Et veut pour partage
Jésus sans retour.

Jésus le caresse,
Et lui, sur son cœur,
L'adore, le presse,
Tout brûlant d'ardeur.

Toute sa richesse
Est sa croix de bois ;
Toute son ivresse
Est Jésus en croix.

Sa plus grande gloire
Est l'humilité.
Sa grande victoire
Est la pauvreté !

La plus pauvre bure
Est son vêtement,
La corde en ceinture
Tout son ornement.

Lui, fils de famille,
Il marche pieds nus,
Et tout ce qui brille
Ne le charme plus.

Il vit solitaire,
Puis il va prêcher
Par toute la terre
Pour le faire aimer.

Vertus admirables,
Extases d'amour,
Prodiges, miracles
Prêchent tour à tour.

Il parle, il enflamme,
Il ravit les cœurs,
Et convertit l'âme
Des pauvres pécheurs.

La Vierge sa mère
Toujours lui sourit
Pendant sa prière,
Et puis le bénit.

Le poisson docile
Entend son sermon.
Le peuple indocile
Dit alors : Pardon.

Adorant l'Hostie,
La mule à genoux
Dit : Crois donc, impie,
Aime un Dieu si doux.

Perle séraphique !
O Saint ravissant !
O Saint héroïque !
O Saint si puissant !

Par lui l'on retrouve
Les objets perdus,
Par lui le ciel s'ouvre
Et sourit Jésus.

Quiconque l'implore
Obtient tout de lui ;
Quiconque l'honore
L'aura pour appui.

Volons à sa suite,
Brûlant tous d'ardeur ;
Nous mettrons en fuite
L'enfer en fureur.

Sur l'air : *Pitié, mon Dieu !*

REFRAIN :
Grand saint Antoine,
Perle des Cieux !
O séraphique moine !
A toi nos chants pieux !

Pour te louer, je viens, avec les Anges,
Chanter ta gloire, exalter tes vertus.
A toi nos cœurs, nos vœux et nos louanges,
O si doux Saint, que caresse Jésus !

Pour son amour tu méprisas la gloire,
Foulant aux pieds la couronne des Rois,
Et puis, volant de victoire en victoire,
Dans tous les cœurs tu fis régner la Croix.

Rien n'a jamais abattu ton courage,
Rien n'a jamais affaibli ton ardeur.
Héros sublime à la fleur de ton âge,
Je te salue, ô grand triomphateur !

Fils de Marie, et marchant sur ses traces,
Tu vins au monde au plus beau de ses jours,
A toi son cœur, à toi toutes ses grâces :
Dis un seul mot, et j'aurai son secours.

Quand, à ta voix, les poissons, pour t'entendre,
Accourent tous, se rangent devant toi,
Des plus pervers on vit les cœurs se fendre
Et du Seigneur reconnaître la loi.

Devant Jésus immolé dans l'Hostie,
Tu fais tomber une mule à genoux :
Chrétiens chantons : Vive l'Eucharistie !
Prions, pleurons, aimons, adorons tous !

Quand, à Padoue, Ezzelin le Féroce
Veut opprimer ton peuple bien-aimé,
Bravant sa rage et sa fureur atroce,
Tu viens, il tremble et tombe foudroyé.

Reviens, grand Saint, reviens dans notre France.
Ce beau pays de tes nobles aïeux ;
Rends-lui la foi, l'amour et l'espérance ;
Il est si cher à la Reine des Cieux !

P. Marie-Antoine.

Air : *Unis aux concerts des Anges.*

    O doux frère
    Sur la terre,
Caressé par le Sauveur !
    O doux frère,
    En toi j'espère.
Garde-moi, voici mon cœur !

Antoine, dès ton enfance,
Ton cœur n'a plus qu'un désir :
Le martyre, la souffrance,
Aimer, combattre et mourir.

Comme l'humble violette,
Tu veux cacher tes vertus ;
Mais en vain, car sur ta tête
Brille le sceau des élus.

L'amour de Jésus t'enflamme,
Et, suivant le doux François,
De tout cœur et de toute âme,
Partout tu prêches la croix.

Vrai marteau des hérétiques,
Partout tu brises l'erreur,
Et tes accents séraphiques
Comme un trait percent le cœur.

Brûlant d'amour pour Marie,
Elle vient t'offrir Jésus,
Et t'enrichir dès la vie
Du trésor des élus.

Pour prouver l'Eucharistie,
Toulouse voit, à genoux,
La mule adorer l'hostie,
Oh ! croyons, adorons tous.

Les poissons viennent l'entendre,
Levant leur tête sur l'eau,
Et l'on voit les cœurs se fendre :
Jamais miracle si beau !

Pour délivrer ton vieux père,
Condamné quoique innocent,
Tu t'envoles de la chaire
Pendant ton ravissement !

Ta langue vermeille et pure
A triomphé de la mort ;
Dans ses mains, Bonaventure
La baisait avec transport.

Tout objet, quand on te prie,
Est aussitôt retrouvé :
Et tu fais trouver la vie
Au cœur le plus égaré.

Arche sainte de l'Eglise,
Ton amour et mon trésor;
A ton nom, mon âme éprise
Vers le ciel prend son essor.

Antoine, brillante étoile,
Lis pur entre tous les lis,
Sois mon guide, enfle ma voile,
Viens m'ouvrir le paradis.

P. Marie-Antoine.

CHAPELLE DE SAINT ANTOINE DE PADOUE

7, rue d'Hozier (à la Joliette)

MARSEILLE

Siège de l'Association de Saint-Antoine de Padoue

CANONIQUEMENT ÉRIGÉE

par

LE R. P. MARIE-ANTOINE

La chapelle de saint Antoine est ouverte au public, tous les jours sans exception, depuis 5 heures du matin jusqu'à 7 heures et demie du soir.

Les messes ont lieu, le dimanche, à 8 heures en été, et à 8 heures et demie en hiver ; durant la semaine, à 7 heures.

Tous les mardis, la messe est célébrée à 7 heures à l'autel de saint Antoine.

Le premier mardi de chaque mois, une instruction est faite aux associés, après la messe de 7 heures.

Bénédiction miraculeuse de Saint François

☩ Que le Seigneur te bénisse ! qu'il te conserve !

☩ Qu'il tourne sa face vers toi et te fasse miséricorde !

☩ Qu'il te montre son divin visage et te donne sa paix !

☩ Qu'il te donne sa sainte bénédiction. Ainsi soit-il.

Bénédiction de Saint Antoine de Padoue contre les démons.

☩ Voici la Croix du Seigneur.

☩ Fuyez, ennemis.

☩ Le Lion de la tribu de Juda, fils de David, vous a vaincus. Alleluia, Alleluia, Alleluia.

Doux Cœur de Jésus, soyez mon amour.

Doux Cœur de Marie, soyez mon salut.

(Porter toujours ces deux Bénédictions sur soi, dans le scapulaire.)

Imprimerie Marseillaise, rue Sainte, 31.

www.ingramcontent.com/pod-product-compliance
Lightning Source LLC
LaVergne TN
LVHW021711080426
835510LV00011B/1719